BEI GRIN MACHT SICH IHR WISSEN BEZAHLT

- Wir veröffentlichen Ihre Hausarbeit,
  Bachelor- und Masterarbeit

- Ihr eigenes eBook und Buch -
  weltweit in allen wichtigen Shops

- Verdienen Sie an jedem Verkauf

Jetzt bei www.GRIN.com hochladen und kostenlos publizieren

Bibliografische Information der Deutschen Nationalbibliothek:

Die Deutsche Bibliothek verzeichnet diese Publikation in der Deutschen National-bibliografie; detaillierte bibliografische Daten sind im Internet über http://dnb.d-nb.de/ abrufbar.

Impressum:

Copyright © 2016 GRIN Verlag, Open Publishing GmbH
Druck und Bindung: Books on Demand GmbH, Norderstedt Germany
ISBN: 978-3-668-16061-3

Dieses Buch bei GRIN:

http://www.grin.com/de/e-book/316410/lebenslanges-lernen-als-chance-oder-zwang-schulpflicht-fuer-erwachsene

Frieda van Wupper

Lebenslanges Lernen als Chance oder Zwang? Schulpflicht für Erwachsene?

Ein narratives Interview

GRIN Verlag

GRIN - Your knowledge has value

Der GRIN Verlag publiziert seit 1998 wissenschaftliche Arbeiten von Studenten, Hochschullehrern und anderen Akademikern als eBook und gedrucktes Buch. Die Verlagswebsite www.grin.com ist die ideale Plattform zur Veröffentlichung von Hausarbeiten, Abschlussarbeiten, wissenschaftlichen Aufsätzen, Dissertationen und Fachbüchern.

Besuchen Sie uns im Internet:

http://www.grin.com/

http://www.facebook.com/grincom

http://www.twitter.com/grin_com

Inhaltsverzeichnis

Lebenslanges Lernen – Chance oder Zwang? Schulpflicht für Erwachsene ?

Vor dem Hintergrund der Technisierung, Globalisierung der Welt, dem daraus entstehenden Fachkräftemangel, der Erhöhung des Renteneintrittsalters und einer allgemein steigenden Lebenserwartung der Bevölkerung, ist es unumgänglich, dass sich die tradierter Formen des Lebens im Alter ändern. Dies bringt es mit sich, dass auch eine Änderung des Lernverhaltens hin zum Lebenslangen Lernen überdacht werden muss. Das Bundesministeriums für Bildung und Forschung sieht im Lebenslangen Lernen eine Erforderlichkeit aus gesellschafts- und bildungspolitischen, aber auch aus ökonomischen Gründen. Lebenslanges Lernen soll dazu beizutragen, dass die Menschen zu einer fortschrittlichen Gesellschaft mit nachhaltiger Entwicklungsbereitschaft werden (vgl. BMBF 2015).

Im folgenden Interview wird die Bildungsgeschichte von Frau G. dargestellt. Es soll geklärt werden, wieweit Lebenslanges Lernen als Chance zu begreifen ist, eine Bereicherung darstellt und mit Freude angenommen wird und ob aus dem Habitus des Lebenslangen Lernens ein gesellschaftlicher Zwang entstehen kann. Des Weiteren ist zu erkunden, in welchen Bereichen ein Lebenslanges Lernen stattfinden kann und, ob es neben seiner postulierten wirtschaftlichen Bedeutung eine ebenso gewichtige Bedeutung für das soziale Leben besitzt.

Als zentrale Frage möchte ich „Die Schulpflicht für Erwachsene" in den Raum stellen. Ist eine staatlich „verordnete" Weiterbildungspflicht die Lösung für den fortschreitenden Fachkräftemangel und kann solch eine Weiterbildungspflicht bei der Integration von langzeitarbeitslosen Menschen in den Arbeitsmarkt oder ganz aktuell bei der Integration von Migranten bzw. Flüchtlingen helfen? Welchen Handlungsspielraum gibt es insbesondere in Bezug auf die Ziele des bildungspolitische Konzept „Lebenslanges Lernen" ?

Interview mit Frau G. am 09.11.2015

```
13  I:  Hallo Frau G. - schön dass ich zu ihnen kommen durfte -
14      ich habe ihnen ja schon kurz am Telefon erklärt worum es
15      geht. Ich wollte ja eigentlich ein Essay zum Thema
16      „Lebenslanges Lernen" schreiben - hatte jetzt aber die
17      Idee ein Interview zu diesem Thema mit ihnen zu
18      machen. (---)
19      Nachdem wir uns ja mal über das Thema - spät studieren
20      unterhalten haben sind sie mir wieder eingefallen. (.)
21      Ich wollte mit ihnen ein narratives Interview führen
22      (ähm)- das bedeutet dass sie jetzt einfach mal ihren
23      Bildungsweg mit allen Höhen und Tiefen von Anfang an
24      erzählen. (ähm) (---)
25      Ich werde erst mal nur zuhören und erst zum Schluss
26      nochmal ein paar Fragen stellen. (ähm) (--)
27      Ist das so in Ordnung für sie? (.)
28
29  E:  Ja klar.
30
31  I:  Ich werde das Interview aufzeichnen - dann abschreiben
32      und (ähm) sie natürlich unkenntlich machen - ok?
33      Dann legen sie mal los. (--)
34
35  E:  Ok - ich hoffe sie haben genug Zeit mitgebracht - wollen
36      sie die kurze oder die ausführliche Version? (.)
37
38  I:  Sie haben alle Zeit der Welt - ich möchte natürlich
39      gerne die ausführliche Version. (---)
40
41  E:  Jaaa, dass ich heute hier in Ludwigsburg im Stadtteil
42      Grünbühl- Sonnenberg arbeite und für die
43      Sozialberatung zuständig bin und (ähm) dass ich jetzt
44      sogar ein Deutschtraining für Neubürger durchführe
45      hätte ich in früheren Jahren nicht geglaubt. (--)
46      Ich hatte zwar immer berufliche Träume die ich mir fast
47      alle erfüllen konnte - aber einfach war es nicht- (ähm)
48      für mich war und ist das Lernen und damit meine ich
49      nicht nur das Lernen in der Schule mit dem bekannten
50      Unterrichtsmethoden sondern auch das Lernen von anderen
51      Menschen von deren Wissen oder deren praktischem Können
52      sehr wichtig - ich wollte immer viel wissen und heute
```

53 kann ich sagen dass das Leben selbst mein bester
54 Lehrmeister war. (---)
55 (hm) Wie war mein Weg? (--)
56 Auf jeden Fall nicht schnurgeradeaus(ähm) (-)
57 Ich war immer gerne in der Schule; meine Eltern haben
58 sehr oft den Wohnort gewechselt. (-)
59 In der Grund- und Hauptschulzeit habe ich (ähm)- ich
60 hab´s mal nachgezählt- (äh) 13 Schulen kennengelernt
61 oder kennenlernen müssen. Ich war in jeder Klasse in
62 einer anderen Schule - das war für mich nicht gerade
63 toll, aber ich kannte es nicht anders? (--)
64 Wenn ich in meiner Klasse Freunde gefunden hatte - (ähm)
65 musste ich mich auch bald wieder von ihnen
66 verabschieden; das fiel mir oft schwer und machte mich
67 traurig - aber es war eben so? Manchen Schulstoff habe
68 ich ganz einfach verpasst - weil dieser in der nächsten
69 Schule schon durchgenommen war. (äh)
70 Gott sei Dank fiel mir das Lernen leicht- ich musste
71 nicht büffeln (ähm) wenn ich in der Schule gut zugehört
72 hatte - hatte ich meist - na sagen wir mal dreiviertel
73 verstanden. Ich war immer neugierig auch heute noch. Ich
74 finde es toll neue Dinge zu lernen in Theorie und
75 Praxis. (--)
76 Nach dem Hauptschulabschluss durfte ich noch die
77 Mittlere Reife machen das war in meiner Familie nicht
78 selbstverständlich. (---)
79 Ich komme aus einer finanziell eher armen Familie aber
80 als ich dann auch noch das Abitur machen wollte - war
81 das nicht mehr möglich ich musste mir eine Lehrstelle
82 suchen - sollte Geld verdienen - heute wäre das ein Ding
83 der Unmöglichkeit.
84 Heute müssen Kinder auf das Gymnasium die leider damit
85 überfordert sind; (ehm)
86 Meine Eltern meinten es reiche jetzt mit der Schule sie
87 wären ja nur Arbeiter und keine Ärzte oder Lehrer? (--)
88 Ich hätte gerne studiert - Jura am liebsten.
89 Ich wäre gerne Anwältin geworden oder Sozialarbeiterin.
90 Daraus ist aber erst mal nix geworden. (hm)
91 1977 waren die Lehrstellen knapp - ich bekam eine
92 Lehrstelle als Bürokauffrau bei einem Elektrogroßhandel
93 - das war überhaupt gar nicht mein Traumberuf. (--)
94 Ich weiß noch dass meine Mutter mich zum
95 Vorstellungsgespräch begleitet hat - das war damals noch

96 üblich (ähm) - sie hatte von der Lehrstelle über eine
97 Arbeitskollegin erfahren und da sie es für gut befunden
98 hatte musste ich mich bewerben - dann wurde ich auch
99 noch eingestellt. (äh)
100 Die Arbeit im Büro fand ich extrem öde und uninteressant
101 - ich machte zwar alles was mir aufgetragen wurde und
102 man war auch mit mir zufrieden. Ich war aber überhaupt
103 nicht zufrieden - die Arbeit hat mir überhaupt keinen
104 Spaß gemacht- Ablage von Papieren - nach Buchstaben -
105 nach Zahlen - Lieferscheine nach Nummern - (--) das war
106 extrem öde. Mit den Kollegen verstand ich mich gut - das
107 war wenigstens ok. Die Ausbildung abzubrechen - dass
108 hätte ich mich aber nicht getraut - die Firma ging, ich
109 war ungefähr 6 Monate oder 8 Monate dort - in Konkurs -
110 ich war sehr - sehr froh. (lacht)
111 Nun war ich raus aus dieser Nummer ohne das meine Eltern
112 mir etwas vorhalten konnten; (---)
113 Mit dem nächsten Ausbildungsplatz wollte ich mir meinen
114 Wunsch viele fremde Länder kennen zu lernen erfüllen -
115 deshalb habe ich Hotelfachfrau gelernt - später wollte
116 ich dann auf einem Schiff arbeiten und so die Welt
117 bereisen - das war mein Plan. (-)
118 Die Ausbildung machte ich im Europahotel in Kehl - mit
119 18 Jahren zog ich dann aus meinem Elternhaus aus und
120 wohnte in einem Personalzimmer im Hotel. (äh)
121 Ab dort war ich auf mich alleine gestellt - ich war nun
122 meinen Eltern keine Rechenschaft mehr schuldig - musste
123 aber auch meinen Lebensunterhalt alleine bestreiten -
124 verdient habe ich damals - ich weiß es noch ganz genau -
125 321 Mark und 64 Pfennig - nicht gerade viel - damit
126 konnte ich keine großen Sprünge machen. (hm) (--)
127 Schon gar nicht als ich nach ein paar Monaten im Hotel
128 ausgezogen bin und mir ein Zimmer anmietete - ich wurde
129 nämlich immer wenn es knapp war an Personal zum Dienst
130 gerufen und hatte kaum Freizeit. Das Zimmer war mit
131 Möbeln ausgestattet und es gab ein Bad das von mehreren
132 Mietern benutzt wurde - es kostete 250 Mark - dass das
133 der reinste Wucher war - wusste ich damals natürlich
134 nicht. (--)
135 Ich arbeite deshalb nebenbei als Barkeeperin in einer
136 Hotelbar und als Straßenmalerin in Straßburg - so hatte
137 ich ausreichend Geld zum leben. (äh)

138	Nur für `ne richtige Urlaubsreise reichte es noch nicht
139	- aber ich wusste ja dass ich mein Fernweh irgendwann
140	noch stillen werde. (--)
141	Aber es geht im Leben nicht immer nach Wunsch? (lacht)
142	Mit dem auf dem Schiff arbeiten wurde nichts (ähm)- ich
143	verliebte mich und wurde schwanger.
144	1982 kam mein Sohn auf die Welt und ich musste leider an
145	Land bleiben. Aber im Hotelfach war es mit den
146	regelmäßigen Arbeitszeiten natürlich problematisch.
147	(hmm) (---)
148	Oft gingen die Veranstaltungen länger und die Gäste
149	hatten ausreichend Sitzfleisch - jedenfalls hatte man
150	nicht gerade pünktlich Feierabend - das war mir zwar
151	egal oder es machte mir nichts aus - aber mit Kind
152	konnte ich das nicht vereinbaren. (ähm) Ich hörte auf im
153	Hotel zu arbeiten - zunächst arbeitete ich dann in einer
154	Fabrik am Fließband - dort wurden Videokassetten
155	hergestellt. Akkordarbeit – es war so gar nicht mein
156	Ding - ich arbeitete Schicht - früh und spät - mein Sohn
157	wurde in der Arbeitszeit von meiner Mutter betreut -
158	zwar verdiente ich damals wirklich gut - aber diese
159	stumpfsinnige Arbeit am Fließband war furchtbar für
160	mich. (hm) (--)
161	Zwischenzeitlich habe ich geheiratet - mit 24 kam dann
162	meine Tochter zur Welt. Ich kündigte meine Anstellung in
163	der Fabrik - weil meine Mutter nicht beide Kinder
164	versorgen konnte - während ich auf Arbeit war. (ähm) Ich
165	arbeitete dann für die Firma meines Mannes - ein
166	Transportunternehmen. Es war eigentlich ein „Ein-Mann-
167	Unternehmen" - ein Lastwagen den mein Mann fuhr -
168	Nahverkehr und Schnelltransporte zum Flughafen als
169	Subunternehmer für eine große Spedition. Für die kleine
170	Spedition machte ich die Buchhaltung und kümmerte mich
171	um die Werbung - Lohn habe ich dafür natürlich nicht
172	bekommen das war als Ehefrau nicht üblich. (grinst)(---)
173	Dafür durfte ich zu Hause bleiben - Kinder und Haushalt
174	versorgen - die Ehe hielt nicht sehr lange.
175	(nachdenklich)(äh)
176	Nach drei Jahren war ich alleine mit meinen Kindern und
177	musste auch den Lebensunterhalt selbst bestreiten -
178	gerichtlich war zwar Unterhalt für mich und die Kinder
179	festgelegt - mein Ex-Mann zahlte aber nicht. Die Firma
180	hatte er dann schnell an seinen Bruder „verkauft" und er

181 arbeitete offiziell nur für einen Mindestlohn (ähm) -
182 eine Zeit lang musste ich deswegen Sozialhilfe in
183 Anspruch nehmen. (äh)
184 Da ich so nicht leben wollte - besann ich mich auf das
185 was ich gelernt hatte. Hotelfach - Gastronomie - ich
186 pachtete eine Gaststätte mit Wohnung und wurde Wirtin -
187 ich machte mich eben mal selbstständig. Das hatte den
188 Vorteil - dass ich arbeiten konnte und niemanden
189 brauchte der meine Kinder versorgte. (ähm) Allerdings
190 hatte ich mir das auch einfacher vorgestellt als es dann
191 wirklich war - ich arbeitete bis spät in der Nacht und
192 morgens war ich dann früh auf - weil meine Kinder in die
193 schule oder den Kindergarten gebracht werden mussten.
194 Das Geschäft lief ganz gut aber letztendlich war ich
195 froh nach zwei Jahren ohne Schulden das Gasthaus an
196 meine Nachfolgerin übergeben zu können. Ich hab´s mal
197 ausgerechnet - ich habe damals für einen Stundenlohn von
198 ca. 3,- Mark gearbeitet. (äh)
199 Nach meiner Zeit als Wirtin habe ich als Putzfrau und
200 Staubsaugervertreterin gearbeitet. (--)
201 Ich lernte meinen zweiten Mann kennen und wir machten
202 uns mal wieder selbstständig (ähm) - diesmal im Bereich
203 Werbung. Mein Mann war im Außendienst - er übernahm die
204 Kundenaquise und ich war für Entwürfe neuer Logos
205 zuständig - das konnte ich von Zuhause machen - ich
206 glaub das war 1990. (---)
207 Vier Jahre später verstarb mein Mann - er hatte Krebs.
208 (--)
209 Da ich war 34 Jahre alt - (ähm) und Witwe mit zwei
210 Kindern. Die Firma konnte und wollte ich nicht alleine
211 weiterführen - finanziell gab es kein Polster - ich
212 musste wieder bei null anfangen.(nachdenklich)(hm)
213 Ich musste also arbeiten um meine Kinder und mich zu
214 unterhalten - in eine Fabrik wollte ich nicht mehr oder
215 nur wenn es nicht anders ging - noch mal selbstständig
216 arbeiten in der Gastronomie war mir zu gefährlich -
217 dieses harte Brot hatte ich ja schon mitbekommen. Meine
218 Kinder mussten abgesichert sein - also kam nur eine
219 Anstellung in Frage - aber irgendeine wollte ich diesmal
220 nicht. (ähm) Es sollte jetzt ein Beruf sein - der mich
221 auch wirklich interessiert. (---)
222 Ich wollte schon immer mit Menschen arbeiten oder besser
223 für Menschen - die Unterstützung brauchen - beruflich da

224	sein. Ich habe mich um einen Ausbildungsplatz zur
225	Altenpflegerin im Pflege- und Therapiezentrum in
226	Offenburg beworben und wurde angenommen - ich durfte im
227	Oktober 1994 anfangen. (ähm) war ich total aufgeregt -
228	hatte zugleich aber auch große Bedenken ob ich das auch
229	alles so schaffe? (äh) (---)
230	Alleinerziehend. Meine Kinder waren inzwischen 12 und 10
231	Jahre alt und die Pubertät war schon in Sicht - ich
232	musste im Schichtdienst arbeiten und der Lehrlingslohn
233	war nicht gerade üppig - den Schulstoff sollte ich ja
234	auch noch lernen - ich hatte nur die kleine
235	Unterstützung durch meine Mutter - dass sie nach den
236	kindern sieht wenn ich Spätdienst hab. Da kam ich erst
237	um 21.00 Uhr nach Hause - ich arbeitete im
238	Schaukeldienst das heißt einen Tag Frühdienst von 6 Uhr
239	bis 14.30 Uhr den nächsten Tag Spätdienst von 14 Uhr bis
240	20.30 Uhr - in jeder Woche waren zwei Schultage - das
241	ganze immer im Wechsel zwölf tage lang. Dann hatte ich
242	das Wochenende frei - also zwölf Tage Arbeit und Schule
243	und dann Samstag und Sonntag alle zwei Wochen frei -
244	nebenbei arbeite ich noch in einem Restaurant als
245	Geschirrspülerin um noch etwas dazu zu verdienen - ich
246	habe damals etwa 900 Mark Lehrlingslohn dazu kam das
247	Kindergeld und die Halbwaisenrente für die Kinder - das
248	war nicht wirklich viel. (hm) (--)
249	Ich musste ja alles alleine bezahlen - Miete - Strom -
250	Lebensmittel - und was alles sonst noch anfällt. Es war
251	ganz schön knapp und meine Kinder sollten ja auch nicht
252	darunter leiden. (hm) (.)
253	Aber ich wollte diesen Beruf erlernen und packte es
254	einfach an - mir machte die Arbeit sehr viel Spaß - aber
255	auch das Leid - dass in diesem Beruf zu sehen und zu
256	spüren ist - konnte ich gut verarbeiten. Das Lernen in
257	der Altenpflegeschule hat mich so gar nicht geplagt - im
258	Gegenteil - ich fand es toll wieder die Schulbank zu
259	drücken. In meiner Ausbildung durchlief ich verschiedene
260	Stationen - vom Betreuten Wohnen. (---) Am meisten
261	beeindruckte mich der Wohnbereich für an Demenz
262	erkrankte Menschen - dort war ich sehr gerne und der
263	Kontakt zu den Bewohnern fiel mir leicht - irgendwie
264	hatte ich immer das Gefühl - sie verstehen mich und ich
265	sie - die Ausbildung ist wie im Fluge vergangen. Die
266	drei Jahre waren um - und 1997 bestand ich die

267	Abschlussprüfung - ich war jetzt examinierte
268	Altenpflegerin mit staatlicher Anerkennung - ich war
269	stolz wie Bolle? (lachen) (--)
270	In meinem Wohnort gab es ein neues Altenheim - dort
271	wollte ich gerne arbeiten - ich bewarb mich auch und
272	hatte Glück und wurde zum Vorstellungsgespräch
273	eingeladen - das Gespräch mit dem damaligen Heimleiter
274	lief so gut - dass ich ganz kühn sagte - dass ich mich
275	als Stationsleitung bewerbe- ich weiß noch ganz genau,
276	dass ich innerlich total gezittert habe wie dreist das
277	doch eigentlich war - ich hatte gerade mal das Examen
278	und überhaupt keine Praxiserfahrung außer meiner
279	Ausbildungszeit - und schon gar nicht in leitender
280	Funktion und dann sage ich da einfach - „ich will
281	Stationsleitung" werden. (---)
282	Ich hab wohl einen sehr guten Eindruck gemacht - der
283	Heimleiter hat mich als Stationsleitung eingestellt -
284	ich übernahm die Führung des Wohnbereiches für an Demenz
285	erkrankte Menschen. (ähm)
286	Da ich bisher in meinem Leben gelernt hatte mich durch
287	zu schlagen - hab ich auch hier die Ärmel hochgekrempelt
288	und hab meine neue Aufgabe einfach angepackt - das war
289	im Oktober 1997.
290	Ich konnte mich ziemlich schnell einarbeiten - und mir
291	gelang es zu meinem Team ein gutes Verhältnis aufzubauen
292	(ähm)- ich lernte schnell worauf es ankam - es gab viele
293	Mitarbeiterinnen mit Erfahrung und denen schaute ich auf
294	die Finger - „learning by doing" - das ich in manchen
295	Dingen oder Situationen unsicher hat man mir glaube ich
296	nicht so angemerkt.(lachen)(-)
297	Ich konnte mein Team gut motivieren und stand immer
298	hinter ihnen - der Stationsalltag lief gut und unsere
299	Bewohner waren gut versorgt - rückblickend kann ich
300	heute sagen - dass dies mein bisher schönster
301	Arbeitsplatz war - der Kontakt zu „meinen" Heimbewohnern
302	brachte mir wirklich viel Freude - ich hatte viele der
303	Senioren richtig gerne - außerdem arbeitete ich als
304	Stationsleitung ja auch 100% in der Pflege mit - das
305	war körperlich sehr anstrengend - oft habe ich
306	Doppelschichten gemacht - weil das personal knapp war -
307	ich fühlte mich für meine Station voll verantwortlich
308	und ging in meinem Beruf - das kann ich heute so sagen
309	voll auf - das Altersheim war von meiner Wohnung nur

310 eine Straße entfernt - so hatte ich es selbst - wenn ich
311 daheim aus dem Fenster schaute - immer im Blick.(hm)
312 (---)
313 1999 wurde ich dann auch Pflegedienstleitung - nun war
314 ich für den ganzen stationären Bereich mit 100 Betten
315 und die Nachtwachen zuständig - das war kein
316 Schreibtischjob - ich habe immer in der pflege der
317 Bewohner mitgearbeitet und das wollte ich auch - ich
318 wollte den direkten kontakt zu den Menschen nicht
319 verlieren - jetzt konnte ich mir aber ca. 30% meiner
320 Arbeitszeit für Organisation und administrative
321 Tätigkeiten einplanen. (--)
322 Bis 2003 ging auch alles ganz gut - die Arbeit machte
323 mir spaß und natürlich fand ich es auch toll - dass ich
324 viel Anerkennung bekam - Angehörige von unseren
325 Bewohnern grüßten mich schon von weitem wenn - sie mich
326 beim Einkaufen oder auf der Straße trafen - (ähm)ich
327 hatte in der Zwischenzeit eine Selbsthilfegruppe für
328 Angehörige von demenzkranken Menschen gegründet - das
329 Angebot sich in einer Gruppe zu treffen war für
330 Menschen, die ihre verwirrten Angehörigen zuhause
331 betreuten - einmal im Monat habe ich die Gruppe
332 ehrenamtlich geleitet. (ähm)
333 Dann meldete sich leider mein Körper - dem war mein
334 beruflicher Einsatz wohl zu viel geworden – Diagnose -
335 Morbus Crohn und Morbus Bechterew. Ich konnte nicht mehr
336 arbeiten und hatte ständig Schmerzen - weil meine
337 Gelenke immer irgendwo entzündet waren.(---)
338 Ich hatte starke Koliken - Krämpfe im Darm – und ich war
339 völlig fertig und lange krankgeschrieben - meine Beine
340 schmerzten so sehr - dass ich kaum noch laufen konnte -
341 um die Entzündungen in den Gelenken zu beheben wurde ich
342 immer öfter eingegipst - mal hatte ich den Arm in Gips
343 weil der Ellenbogen entzündet war - mal das ganze Bein
344 eingegipst weil das Knie entzündet war. (hm)
345 Damals hat man so Entzündungen behandelt - ich wurde
346 also ruhig gestellt – kann man sagen. (lacht)
347 Ich hatte mich schon damit abgefunden - dass ich
348 irgendwann nicht mehr laufen kann - ich nahm hohe Dosen
349 an Schmerzmedikamenten und war bei zig Ärzten - dann kam
350 ich in eine medizinische Reha - das war im März 2003.
351 (ähm)

352	Die Ärzte dort erklärten mir - dass meinen beruf nicht
353	mehr ausüben kann - ich war 43 Jahre alt und man hat
354	empfohlen in Rente zu gehen – Erwerbsunfähigkeitsrente?
355	Eine Sozialarbeiterin in der Rehaklinik brachte mich
356	dann auf die Idee einen Antrag auf berufliche
357	Rehabilitation zu stellen - sie sagte mir aber auch
358	gleich - dass sie nicht glaubt dass ich da eine große
359	Chance hätte? (ähm) (---)
360	„Der Antrag wird sicher abgelehnt" - da ich keine gute
361	Prognose auf Erfolg hätte - ich war also so krank - dass
362	man dachte es würde sich nicht rentieren mich umschulen
363	zu lassen (ähm)- ich hab den Antrag trotzdem gestellt.
364	Ich hätte mich jetzt mit meinen Schmerzen zuhause
365	verkriechen können oder ich versuche es einfach - ich
366	musste verschiedene medizinische Untersuchen über mich
367	ergehen lassen - zig Fragen beantworten - von denen mir
368	viele sinnlos erschienen und wurde dann zur
369	Berufsfindung nach Heidelberg eingeladen - dort sollte
370	getestet werden für was ich noch zu gebrauchen war?
371	(ähm) (--)
372	Im September 2003 war ich dann in Heidelberg - 12 Tage
373	lang wurde ich getestet - in allem Möglichem – ich weiß
374	nicht mehr was alles – Gedächtnis – Intelligenz –
375	Talente - besondere Fähigkeiten und eine sogenannte
376	Sozialerprobung - mittlerweile hatte ich mich informiert
377	und festgestellt - dass ich nun meinen eigentlichen
378	Traum vom studieren wahrmachen konnte - wenn ich diese
379	Test alle bestehe - dann kann ich das Studium der
380	sozialen Arbeit in Heidelberg aufnehmen - ich habe Gott
381	sei Dank sehr gut bestanden. (hm)
382	Ein Psychologe wollte mir dann noch mal Steine in den
383	Weg legen und meinte man könne mir das „nicht zumuten -
384	auch wenn ich noch so gute Ergebnisse" hätte - da ich
385	noch eine Sonderbegabtenprüfung ablegen müsse - weil ich
386	nur mittlere reife habe - sei die „nervliche Belastung
387	zu hoch" - ich „solle doch lieber in Rente gehen" - dem
388	Herrn habe ich natürlich vehement widersprochen.
389	(lachen) (---)
390	43 Jahre alt - meine Kinder waren mittlerweile groß und
391	führten ein selbstständiges Leben und ich musste auf
392	keinen mehr Rücksicht nehmen - ich bekam eine berufliche
393	Rehabilitation mit einer stationären Maßnahme von 36
394	Monaten bewilligt - so stand das im

395 Bewilligungsschreiben - ich durfte studieren hatte ein
396 Zimmer auf dem Campus und bekam auch noch das Essen in
397 der Mensa - außerdem bekam ich auch noch ca. 80% von
398 meinem bisherigen Gehalt - die Woche über lebte ich in
399 Heidelberg im Studentenheim und am Wochenende fuhr ich
400 nach Hause - drei Jahre lang - es war eine tolle zeit
401 und ich habe das Studentenleben in vollen Zügen
402 genossen. (lachen)(---)
403 Im September 2007 habe ich dann mit 47 Jahren mein
404 Diplom zur Sozialarbeiterin und Sozialpädagogin
405 erhalten. So - das war meine Geschichte.
406
407 I: Herzlichen Dank Frau G. - darf ich mich nochmal nach
408 ihrer Krankheit erkundigen - ist das dann beim Studium
409 und danach besser geworden?
410
411 E: Da ich nicht mehr körperlich schwer heben und tragen
412 musste ist die Belastung der Gelenke zwar weniger
413 geworden - aber leider wird dies nie mehr ganz weg gehen
414 - ich habe immer Schmerzen - mal mehr mal weniger es
415 gibt keinen Tag ohne.
416 (--) Ich habe gelernt damit umzugehen und zu leben -
417 Manchmal fällt es mir schon schwer besonders bei
418 nasskaltem Wetter.(---)
419
420 I: Sie haben vorhin eine Sonderbegabtenprüfung erwähnt -
421 (ähm)was muss ich mir darunter vorstellen?
422
423 E: Die Sonderbegabtenprüfung - wir waren glaube ich acht
424 oder neun Leute - die so eine Prüfung ablegen mussten -
425 also wer kein Abitur hatte oder so - der musste drei
426 Monate nach Beginn des Studiengangs diese Prüfung
427 bestehen - sonst wäre es das Aus gewesen. Wir wurden in
428 verschiedenen Fächern geprüft BWL - VWL - Mathe -
429 Deutsch - Englisch und noch ein paar - genau weiß ich
430 nicht mehr alle. Wir hatten drei Monate Zeit uns darauf
431 vorzubereiten - es war die reinste Zitterprämie - denn
432 die Vorstellung schlechter wie vier abzuschneiden - hieß
433 ich muss auf hören. Aber da ich ihnen ja schon erzählt
434 habe - dass ich mein Diplom erhalten habe - wissen sie
435 schon dass ich diese Prüfung bestanden habe. (---)
436
437 I: Und wie ging es dann nach dem Studium beruflich weiter?

438	
439	E: Leider gab es rund um meinen Wohnort keine geeignete
440	Stelle.(.) Das war mir schon in der Studienzeit klar.
441	Ich hatte da schon nach Stellen geschaut. Ich habe mich
442	dann mit einer Initiativbewerbung bei einem
443	Bildungsträger in Karlsruhe beworben – eher per Zufall
444	habe ich das im Internet gefunden. Dieser Bildungsträger
445	bietet Schulungen an für Menschen die später mal in der
446	pflege oder im medizinischen Bereich einen Ausbildung
447	machen wollen – also quasi eine Vorschule für die
448	Berufsschule. Da habe ich mir überlegt - dass dies doch
449	eigentlich ganz gut zu mir passen könnte – so könnte ich
450	mein wissen aus der altenpflege wieder mit verwenden.
451	Ich bekam die Stelle. Der Knackpunkt war - dass diese
452	hier in Ludwigsburg war – ich musste also hierher
453	umziehen. Ludwigsburg ist knapp 200km von Kehl entfernt
454	– ich suchte mir also hier in der Umgebung eine Wohnung
455	– zog um und startete im Januar 2008 wieder mal von
456	vorne (lachen)(---)
457	
458	I: Heute arbeiten sie ja beim DRK – wie hats sie denn ins
459	DRK- Stadtteilbüro verschlagen? (---)
460	
461	E: Ich habe ehr zufällig eine Projektausschreibung gelesen
462	- die mich sehr interessiert hat. KIM – Kinder im
463	Mittelpunkt – es geht um Kinder von psychisch kranken
464	Eltern – hier bin ich beratend für die Kinder und die
465	Eltern da – seit 2013.(.)
466	Außerdem mache ich seit letztem Jahr im DRK-
467	Stadtteilbüro die Sozialberatung für den Stadtteil
468	Grünbühl- Sonnenberg.
469	I: Liebe Frau G. - das war eine sehr spanende Lebens- und
470	Bildungsgeschichte – sie haben ja wirklich ein ganzes
471	leben lang die unterschiedlichsten Sachen gemacht und
472	gelernt – manchmal unfreiwillig aber oft auch ganz
473	bewusst – würden sie sagen - sie sind jetzt am Ende
474	ihrer Bildungslaufbahn angelangt? (denkt nach)(---)
475	
476	E: Eigentlich könnte man davon ausgehen – ich bin jetzt 55
477	Jahre alt und muss nur noch neun Jahre arbeiten – ich
478	könnte mich ja jetzt voll und ganz auf meine Arbeit bei
479	KIM und hier im Stadtteil konzentrieren. (.) Aber ich

480 glaube - dass es noch weitere Herausforderungen für mich
481 gibt.
482
483 I: Haben sie da schon was Konkretes im Blick?
484
485 E: Ja (lacht) mich interessiert die Arbeit und die Aufgabe
486 des Berufsbetreuers.
487
488 I: Dann müssten sie ja wieder etwas Neues lernen – kann man
489 sagen – dass das lernen von neuen Dingen sie antreibt?
490
491 E: Ja ich glaube schon - dass man das so sagen kann.
492
493 I: Das Konzept des „Lebenslangen Lernens" soll Menschen ja
494 dazu befähigen ihre Selbst- und Informationskompetenz zu
495 stärken – meinen sie dieses Konzept ist für alle
496 Menschen geeignet – oder muss man besondere Fähigkeiten
497 haben, um sich lebenslang weiter zu bilden? (---)
498
499 E: Das kann ich nicht klar mit ja oder nein beantworten –
500 die Menschen sind nun Mal unterschiedlich – ich glaube
501 man kann gar nicht anders als ein Leben lang zu lernen –
502 man nimmt ständig etwas Neues auf – manchmal ohne es zu
503 merken.
504
505 I: Sie meinen Informelles Lernen – darum geht es mir
506 eigentlich nicht – ich meine konkrete Weiterbildung ein
507 Leben lang.
508
509 E: Bei manchen Menschen ist die Fähigkeit sich
510 weiterzubilden sicherlich begrenzt oder es gibt
511 wahrscheinlich auch Menschen die mit dem was sie
512 beruflich erreicht haben - zufrieden sind.
513
514 I: Bei ihrer Arbeit im Stadtteilbüro haben sie ja oft mit
515 Menschen in prekären Lebenssituationen zu tun – würden
516 sie sagen – eine staatlich verordnete
517 Weiterbildungspflicht – würde die Zahl der erwerbslosen
518 Menschen verringern?
519
520 E: Nein - das glaube ich nicht - wir haben in Deutschland
521 die Schulpflicht bis zum 18 Lebensjahr - viele meiner
522 Klienten haben diese mit ach uns krach hinter sich

523 gebracht – es fehlt da die Motivation sich dem lernen zu
524 öffnen – das liegt vielleicht auch am sozialen Umfeld
525 in dem sie aufgewachsen sind – sie kennen das nicht
526 anders. (---)
527 Sie müssen zwangsweise Maßnahmen von der Agentur für
528 Arbeit durchlaufen – das ändert an der Einstellung zum
529 lernen nichts. Wenn ich mir vorstelle - dass diese
530 Menschen Weiterbildungen zwangsweise besuchen müssten –
531 glaub ich kaum – dass das außer bei ein paar Einzelnen –
532 positive Ergebnisse bringt.(nachdenklich)
533
534 I: Ok – dass heißt für mich „Lebenslanges Lernen" braucht
535 als Voraussetzung eine gewisse Bildungsaffinität – das
536 Lernen wollen.
537
538 E: Ja – die wichtigste Voraussetzung ist die intrinsische
539 Motivation – ich muss was wissen wollen – es reicht
540 nicht aus nur extrinsisch motiviert zu sein – das sieht
541 man doch ganz oft bei Familien - die ihre Kinder in
542 schulen schicken in denen sie überfordert sind.(.)
543
544 I: Ich gebe ihnen vollkommen recht wenn sie sagen - dass das
545 wollen die beste Voraussetzung für das Lernen ist – aber
546 meinen sie nicht auch dass der Wandel der Arbeitswelten
547 den Stellenwert des „Lebenslangen Lernens" und der
548 kontinuierlichen betrieblichen und individuellen
549 Weiterbildung in der Gesellschaft immer höher werden
550 lässt - der sprunghafte technische Fortschritt kann
551 während der Ausbildung ja gar nicht mehr umfassend
552 abgedeckt werden?
553 (---) Betriebe sind zwar verpflichtet Weiterbildungen
554 anzubieten -ich finde - es gibt aber immer noch viel zu
555 wenig „gescheite" Weiterbildungen - wie würden sie das
556 lösen?(--)
557
558 E: Ich denke schon – dass es im Verlauf von Bildung und
559 Ausbildung immer mehr darauf ankommen wird allgemein
560 einsetzbare Qualifikationen zu erlernen - anstelle von
561 Spezialwissen, welches heute ja ziemlich schnell
562 veraltet.(---) Somit muss das Lernen auch nach einem
563 Berufsabschluss auf individueller und betrieblicher
564 Basis ständig fortgesetzt werden - sie haben recht - es
565 finden viel zu wenig Weiterbildungen statt - die von

566 guter Qualität sind. Ich denke der guten Weiterbildung
567 gehört die Zukunft. Hierzu gehören aber auch eine
568 verlässliche Qualitätskontrolle und eine
569 dementsprechende Zertifizierung - wichtig ist dabei -
570 dass sich das Interesse der Bildungsträger nicht auf
571 einzelne Gruppen beschränkt da - bei längerer
572 Lebensarbeitszeit die Weiterbildung älterer
573 Beschäftigter ebenso wichtig wie die kontinuierliche
574 Schulung jüngerer Mitarbeiter ist. Das „Lebenslange
575 Lernen" hochqualifizierter Menschen ist ebenso bedeutsam
576 wie die Nachschulung gering qualifizierter Arbeitnehmer.
577
578 I: Schön Frau G. - Ich danke ihnen erst mal für die Zeit -
579 die sie sich für mich genommen haben - und natürlich für
580 den Einblick in ihr Leben. (ähm) (---) Kann man
581 zusammenfassend also sagen - dass sie das Lernen ihr
582 Leben lang nicht bereut haben?
583
584 E: Genau - das Lernen hat mich immer bereichert und auch
585 wenn es Zeiten in meinem leben gab - in denen es nicht
586 so einfach war - hat mir das Lernen doch meistens großen
587 Spaß gemacht - und ich kann im Nachhinein sagen - dass
588 es immer einen Sinn hatte. (--)
589
590 I: Was würden sie als Fazit zum „Lebenslangen Lernen" als
591 Konzept sagen?
592
593 E: Sicher wird das Konzept in Zukunft immer wichtiger
594 werden - da sich unsere Lebensumstände durch
595 Veränderungen der Gesellschaft immer stärker ändern
596 werden. Dahingehend muss sich die Bildungspolitik sicher
597 ändern (ähm) - aber ich bin davon überzeugt - dass es
598 nicht ohne den Willen zum Lernen geht. Der Hauptfaktor
599 ist und bleibt beim Lernen immer noch das wollen.
600 I: Schön Frau G. - ich denke dabei können wir es belassen -
601 ich danke ihnen ganz herzlich für die offenen Worte.
602
603 E: Gern geschehen. (lacht)

Metadatenprotokoll

Interviewer (I)	Frieda van Wupper
Erzählerin (E)	Heidemarie G.
Datum:	09.11.2015
Dauer:	53 Minuten
Ort/Räumlichkeit:	DRK Stadtteilbüro
Sitzordnung:	45°
Ambiente:	Sitzecke, gemütlich
Teilnahmemotivation:	hoch motiviert

Informationen zur Interviewpartner*in

Geschlecht:	Weiblich
Beruf:	Dipl.Sozialarbeiterin/ Sozialpädagogin
Geburtsdatum:	05.06.1960
Herkunftsland:	Deutschland
Familienstand:	nicht verheiratet
Anzahl und Alter der Kinder:	2 Kinder 33 & 31 Jahre
Beschreibung Gesprächspartnerin:	sehr gebildet und weltoffen
Besonderheiten des Interviews:	keine
Gesprächsatmosphäre:	gemütlich
Qualität des Kontaktes:	hochwertig
Kooperationsbereitschaft:	erzählt bereitwillig
Erzählstil und Sprechstil:	sehr gebildet, kaum Pausen und Füllwörter
Besondere Vorkommnisse:	keine

Transkribierregeln

(.) Stocken

(-) Kurze Pause

(--) Mittlere Pause

(---) Lange Pause

(ähm) Füllwort

Vorbereitung, Aufbau und Ablauf des Interviews

Für das vorliegende Interview wurde die narrative Form gewählt, da ein zentrales Interesse dieser Technik der Herausarbeitung von Deutungsmustern und Alltagstheorien im Kontext biografischer Ereignisse und Erfahrungen gilt. Im Kontext der qualitativen Sozialforschung wurde narrative Interview von Fritz Schütze Mitte der 1970er Jahre erarbeitet. Diese Interviewform entwickelte sich zu einem der populärsten Verfahren innerhalb der qualitativen Forschung, da sich hier Daten erzeugen lassen, welche Rückschlüsse auf Lebensereignisse und Erfahrungen in ihren zeitlichen Zusammenhängen zulassen . Auf der Basis von biografischen Erzählungen kann ein Zusammenspiel von Ereignissen und Erfahrungen samt den darauf bezogenen subjektiven Deutungsmöglichkeiten hergestellt werden (vgl. Friebertshäuser; Langer; Prengel 1997, S. 374).

Frau G. wurde nach telefonischer Rücksprache im Stadtteilbüro des DRK Ludwigsburg besucht. Außer der Information eines späten Studiums zu Dipl. Sozialarbeiterin und Sozialpädagogin und der jetzigen Tätigkeit als Sozialberaterin im Stadtteil, waren von der Erzählerin keine weitern Fakten bekannt.

Beim Interview mit Frau G. wurde auf einen Leitfaden ganz bewusst verzichtet. Das Interview gliedert sich in drei Teile: die Eröffnungsphase, den Nachfrageteil und die Bilanzierung (vgl. Schütze 1983, S. 285). Vorgeschaltet ist die Phase, in der die Bedingungen des Interviews geklärt werden. Sie dient dazu, den Kontakt zum Interviewpartner*In herzustellen und gegebenenfalls entsprechende Strategien auszuarbeiten. Hier gilt es einen ausgesprochenen oder unausgesprochenen „Vertrag" zu schließen und die gegenseitigen Erwartungen festzulegen. Des Weiteren werden der Anonymisierungsgrad vereinbart und eine eventuelle Veröffentlichungsberechtigung eingeholt.

Am Anfang steht die Erzählaufforderung der gesamten autobiografischen Bildungsgeschichte von Frau G.. Das Herzstück des Interviews bildet die anschließende Stegreiferzählung in der bewusst auf Unterbrechungen und Nachfragen verzichtet wurde (vgl.ebd).

Nach Ende dieser Erzählung wurden Fragen bezüglich ungeklärter Aspekte gestellt, die z. B. andeutungsweise ausgeführt waren bzw. nur vage angesprochen wurden. Hier bedurfte es weiterer Ausführung oder Plausibilisierung der Ereignisse, Erfahrungen oder Deutungen. Auch hier wurde Frau G. zum Erzählen aufgefordert, indem einige Passagen aufgegriffen wurden, um einen neuen Erzählanstoß zu geben.

Im dritten Teil des narrativen Interviews wurde dann gezielt die Möglichkeit genutzt das Thema" Lebenslanges Lernen" in Verbindung mit der Bildungsbiografie von Frau G. zu bringen.

Codierung des Interviews

Die Entwicklung von Ordnungskategorien für das Interview nennt man Codierung. Zur Codierung des Interviews wurde das Programm MAXQDA12 verwendet. Hier wurden neun Schlagwörter als Codes gesetzt:

1. Schule
2. Ausbildung
3. Weiterbildung
4. Studium
5. Lernen
6. Arbeit
7. Familie
8. Umbruch
9. Krankheit

Diese Codes dienen der Auswertung der qualitativen Daten und unterstützen die Organisation der Daten. Es wurden Textbestandteile markiert und mit der Codes gekennzeichnet. Dies ermöglicht eine Zusammenstellen aller Zitate pro Codierung, das Zurückverfolgen ausgewählter Zitate im jeweiligen Kontext sowie das Suchen von zentralen Begriffen im Interviewtext. Dies ermöglicht es die Häufigkeit und somit die Wichtigkeit der jeweiligen Begriffe im Interview deutlich zu machen.

Auswertung der Codierung

Nach Codierung des Textes ergibt sich eine Reihenfolge der Codes, welche es möglich macht, Rückschlüsse auf die Wichtigkeit der Begriffe in der Bildungsgeschichte von Frau G. zu ziehen.

1 Krankheit	3
2 Schule	4
3 Studium	4
4 Weiterbildung	5
5 Lernen	8
6 Ausbildung	8
7 Familie	10
8 Umbruch	12
9 Arbeit	13

Aus der Häufigkeit der Codepassagen kann abgelesen werden, dass Frau G. trotz schwerer Krankheit das Lernen nie aufgegeben hat. Ihr Leben war bestimmt von vielen Umbrüchen. Die familiären Voraussetzungen ließen es nicht zu, dass Sie einen geradlinigen Schul- und Ausbildungsweg nehmen konnte. Trotzdem versuchte Sie immer, Ihre Vorstellungen zu verwirklichen, auch wenn dies oft auf Umwegen und mit erheblicher Zeitverzögerung geschehen ist. Frau G. hat immer versucht Familie und beruflichen Werdegang unter einen Hut zu bringen. Diese trieb und treibt sie an, sich immer neuen Lernerfahrungen auszusetzen. Auch heute nutzt sie noch sämtliche Möglichkeiten der Weiterbildung. In ihrem heutigen Berufsalltag als Sozialarbeiterin profitiert sie von ihren Erfahrungswerten.

Zum Thema „Lebenslanges Lernen" kann Sie von ihrem Erfahrungsschatz profitieren.

Reflexion des Interviews

In der qualitativen Sozialforschung gibt es unzählige Methoden der Datenerhebung. Im vorliegenden Fall wurde die narrative Form des Interviews gewählt, da nur eine einzelne Bildungsbiografie erforscht werden sollte und man bei dieser „Erzählmethode" davon ausgehen kann, dass die erhaltenen Informationen mit großer Wahrscheinlichkeit verbindlich und bedeutungsvoll sind. Da die Informationen nicht durch vorgegebene Antworten eingegrenzt sind, kann von deren umfassender Gültigkeit ausgegangen werden.

Bei der Durchführung eines Interviews dieser Form wird vom Interviewer höchste Konzentration verlangt, vor allem, wenn er einen „fremden" Erzähler vor sich hat. Der Interviewer sollte dem Erzähler in seinem Erzählfluss und seinen Fragen folgen und gleichzeitig das Frageinteresse, im Blick behalten. Dies war im vorliegenden Fall nicht schwierig. Geht es aber um eine Interviewfolge mit verschiedenen Teilnehmern, gilt es, sich auf unterschiedliche Adressaten einzustellen und allen gleichermaßen Empathie, Offenheit und Ehrlichkeit entgegen zu bringen. Außerdem sollte sich der Interviewer Gedanken machen, mit welcher sprachlichen Gewandtheit und Kommunikationsfähigkeit beim Befragten zu rechnen ist.

Während der Unterredung liegt die Hauptaufgabe des Fragenstellers darin, den Gesprächsverlauf zu steuern und zu kontrollieren. Dabei müssen die nonverbalen Reaktionen des Adressaten als auch die eigenen Reaktionen aufmerksam kontrolliert und verfolgt werden. Vorgaben oder Wertungen hinsichtlich der Ausführungen des Interviewten sollten während des Dialoges unterbleiben. Die Qualität der Interviewdaten hängt nicht nur mit der Offenheit des Befragten sondern auch stark vom Geschick des Interviewers ab. Hierzu gehören nicht nur die Routine in der Durchführung von Interviews, sondern auch die persönliche Ausstrahlung, die überzeugende Einführung, die Kontaktfähigkeit sowie die Fähigkeit des aktiven Zuhörens. Des Weiteren benötigt der Befrager einen guten Instinkt für den Gesprächsverlauf.

Die erzählerische Form des Interviews gehorcht einer eigenen Logik und ist im Rahmen einer Studie schwer vergleichbar. Hierfür erscheint das Einfordern von gewissen Mindestinformationen notwendig. Außerdem ist ein erhöhtes Zeitbudget für Interview, beim Transkribieren und der Auswertung von Nöten. Ebenfalls ist es wichtig ein einheitliches Codesystem zu verwenden, für welches wiederum ein hohes Maß an Erfahrung und Praxis notwendig ist. Dies war eine der Schwierigkeiten beim vorliegenden Dialog, da dies seither nicht zum Studieninhalt bei BASA- Online gehörte.

Übertragbarkeit in die Praxis

Das narrative Interview als Form der Biografiearbeit kann in vielen Bereichen der Sozialen Arbeit nutzbar gemacht werden. Gerade bei der systemischen Arbeit mit Adressaten, bei denen es gilt schwierige Lebensabschnitte zu überwinden, kann es von Vorteil sein, die Biografie des Einzelnen aus dessen Erzählperspektive zu kennen und mit dem System abzugleichen. Aber auch in der generationenübergreifenden Arbeit mit Jugendlichen und Senioren kann die „Stegreiferzählung" spannende Anlässe für Projekte und Veranstaltungen bieten.

Fazit

Wie im letzten Abschnitt beschrieben, kann das narrative Interview nicht nur in der Sozialforschung, sondern auch praxisnah in der Sozialen Arbeit in vielen Bereichen genutzt werden. Wichtig hierfür sind eine hohe Kompetenz des Interviewers und eine gute Kenntnis der Techniken zur Führung aber auch zur Auswertung des Interviews. Das vorangegangene Interview war insofern sehr angenehm zu führen, da die Erzählerin sehr flüssig und gewandt redete. Die vorgenommene Auswertung hingegen ist nur sehr grob vorgenommen worden, da die erforderlichen Kenntnisse hierfür nicht ausreichend vorhanden waren. Die Arbeit an diesem Interview war sehr spannend und nachdrücklich und wird sicher in der Praxis Wiederverwendung finden.

Anhang - Codierpassagen

Krankheit

1.

"Bis 2003 ging auch alles ganz gut - die Arbeit machte mir spaß und natürlich fand ich es auch toll - dass ich viel Anerkennung bekam - Angehörige von unseren Bewohnern grüßten mich schon von weitem wenn - sie mich beim Einkaufen oder auf der Straße trafen - (ähm)ich hatte in der Zwischenzeit eine Selbsthilfegruppe für Angehörige von demenzkranken Menschen gegründet - das Angebot sich in einer Gruppe zu treffen war für Menschen, die ihre verwirrten Angehörigen zuhause betreuten - einmal im Monat habe ich die gruppe ehrenamtlich geleitet. (ähm) Dann meldete sich leider mein Körper - dem war mein beruflicher Einsatz wohl zu viel geworden – Diagnose - Morbus Crohn und Morbus Bechterew. Ich konnte nicht mehr arbeiten und hatte ständig Schmerzen - weil meine Gelenke immer irgendwo entzündet waren.(---) Ich hatte starke Koliken - Krämpfe im Darm – und ich war völlig fertig und lange krankgeschrieben - meine Beine schmerzten so sehr - dass ich kaum noch laufen konnte - um die Entzündungen in den Gelenken zu beheben wurde ich immer öfter eingegipst - mal hatte ich den Arm in Gips weil der Ellenbogen entzündet war - mal das ganze Bein eingegipst weil das Knie entzündet war. (hm) Damals hat man so Entzündungen behandelt - ich wurde also ruhig gestellt – kann man sagen. (lacht) Ich hatte mich schon damit abgefunden - dass ich irgendwann nicht mehr laufen kann - ich nahm hohe Dosen an Schmerzmedikamenten und war bei zig Ärzten - dann kam ich in eine medizinische Reha - das war im März 2003. (ähm) Die Ärzte dort erklärten mir - dass meinen beruf nicht mehr ausüben kann - ich war 43 Jahre alt und man hat empfohlen in Rente zu gehen – Erwerbsunfähigkeitsrente? Eine Sozialarbeiterin in der Rehaklinik brachte mich dann auf die Idee einen Antrag auf berufliche Rehabilitation zu stellen - sie sagte mir aber auch gleich - dass sie nicht glaubt dass ich da eine große Chance hätte?"
[Interview; Position: 59 - 64; Autor: Interview; 21.11.2015 10:58; Gewicht: 0]

2.

"Ich hätte mich jetzt mit meinen Schmerzen zuhause verkriechen können oder ich versuche es einfach - ich musste verschiedene medizinische Untersuchen über mich ergehen lassen - zig Fragen beantworten - von denen mir viele sinnlos erschienen und wurde dann zur Berufsfindung nach Heidelberg eingeladen - dort sollte getestet werden für was ich noch zu gebrauchen war? "
[Interview; Position: 66 - 66; Autor: Interview; 21.11.2015 11:11; Gewicht: 0]

3.

"Da ich nicht mehr körperlich schwer heben und tragen musste ist die Belastung der Gelenke zwar weniger geworden - aber leider wird dies nie mehr ganz weg gehen - ich habe immer Schmerzen - mal mehr mal weniger es gibt keinen Tag ohne. (--) Ich habe gelernt damit umzugehen und zu leben - Manchmal fällt es mir schon schwer besonders bei nasskaltem Wetter."
[Interview; Position: 73 - 74; Autor: Interview; 21.11.2015 10:59; Gewicht: 0]

Schule

1.

"Ich war immer gerne in der Schule; meine Eltern haben sehr oft den Wohnort gewechselt. (-) In der Grund- und Hauptschulzeit habe ich (ähm) ich hab´s mal nachgezählt- (äh) 13 Schulen kennengelernt oder kennenlernen müssen. Ich war in jeder Klasse in einer anderen Schule - das war für mich nicht gerade toll, aber ich kannte es nicht anders? (--)"
[Interview; Position: 16 - 17; Autor: Interview; 21.11.2015 10:39; Gewicht: 0]

2.

"Gott sei Dank fiel mir das Lernen leicht- ich musste nicht büffeln (ähm) wenn ich in der Schule gut zugehört hatte - hatte ich meist - na sagen wir mal dreiviertel verstanden."
[Interview; Position: 19 - 19; Autor: Interview; 21.11.2015 11:08; Gewicht: 0]

3.

"Nach dem Hauptschulabschluss durfte ich noch die Mittlere Reife machen das war in meiner Familie nicht selbstverständlich."

[Interview; Position: 20 - 20; Autor: Interview; 21.11.2015 10:39; Gewicht: 0]

4.

"Meine Eltern meinten es reiche jetzt mit der Schule"

[Interview; Position: 23 - 23; Autor: Interview; 21.11.2015 10:39; Gewicht: 0]

Studium

1.

"Ich hätte gerne studiert - Jura am liebsten."

[Interview; Position: 24 - 24; Autor: Interview; 21.11.2015 10:41; Gewicht: 0]

2.

"Ich wäre gerne Anwältin geworden oder Sozialarbeiterin am liebsten Entwicklungshelferin in Afrika - daraus ist aber erst mal nix geworden."

[Interview; Position: 25 - 25; Autor: Interview; 21.11.2015 10:41; Gewicht: 0]

3.

"43 Jahre alt - meine Kinder waren mittlerweile groß und führten ein selbstständiges Leben und ich musste auf keinen mehr Rücksicht nehmen - ich bekam eine berufliche Rehabilitation mit einer stationären Maßnahme von 36 Monaten bewilligt - so stand das im Bewilligungsschreiben - ich durfte studieren hatte ein Zimmer auf dem Campus und bekam auch noch das Essen in der Mensa - außerdem bekam ich auch noch ca. 80% von meinem bisherigen Gehalt - die Woche über lebte ich in Heidelberg im Studentenheim und am Wochenende fuhr ich nach Hause - drei Jahre lang - es war eine tolle zeit und ich habe das Studentenleben in vollen Zügen genossen. "

[Interview; Position: 69 - 69; Autor: Interview; 21.11.2015 10:56; Gewicht: 0]

4.

"Im September 2007 habe ich dann mit 47jahren mein Diplom zur Sozialarbeiterin und Sozialpädagogin erhalten. So – das war meine Geschichte."

[Interview; Position: 70 - 70; Autor: Interview; 21.11.2015 10:59; Gewicht: 0]

Weiterbildung

1.

"Im September 2003 war ich dann in Heidelberg - 12 Tage lang wurde ich getestet - in allem Möglichem – ich weiß nicht mehr was alles – Gedächtnis – Intelligenz – Talente - besondere Fähigkeiten und eine sogenannte Sozialerprobung - mittlerweile hatte ich mich informiert und festgestellt - dass ich nun meinen eigentlichen Traum vom studieren wahrmachen konnte - wenn ich diese Test alle bestehe - dann kann ich das Studium der sozialen Arbeit in Heidelberg aufnehmen - ich habe Gott sei Dank sehr gut bestanden."

[Interview; Position: 67 - 67; Autor: Interview; 21.11.2015 10:56; Gewicht: 0]

2.

"43 Jahre alt - meine Kinder waren mittlerweile groß und führten ein selbstständiges Leben und ich musste auf keinen mehr Rücksicht nehmen - ich bekam eine berufliche Rehabilitation mit einer stationären Maßnahme von 36 Monaten bewilligt - so stand das im Bewilligungsschreiben - ich durfte studieren hatte ein Zimmer auf dem Campus und bekam auch noch das Essen in der Mensa - außerdem bekam ich auch noch ca. 80% von meinem bisherigen Gehalt - die Woche über lebte ich in Heidelberg im Studentenheim und am Wochenende fuhr ich nach Hause - drei Jahre lang - es war eine tolle zeit und ich habe das Studentenleben in vollen Zügen genossen. (lachen)(---)"

[Interview; Position: 69 - 69; Autor: Interview; 21.11.2015 10:56; Gewicht: 0]

3.

"Im September 2007 habe ich dann mit 47jahren mein Diplom zur Sozialarbeiterin und Sozialpädagogin erhalten. So – das war meine Geschichte."

[Interview; Position: 70 - 70; Autor: Interview; 21.11.2015 10:58; Gewicht: 0]

4.

"Ja (lacht) mich interessiert die Arbeit und die Aufgabe des Berufsbetreuers."

[Interview; Position: 85 - 85; Autor: Interview; 21.11.2015 11:00; Gewicht: 0]

5.

"Ich denke schon - dass es im Verlauf von Bildung und Ausbildung immer mehr darauf ankommen wird allgemein einsetzbare Qualifikationen zu erlernen - anstelle von Spezialwissen, welches heute ja ziemlich schnell veraltet.(---) Somit muss das Lernen auch nach einem Berufsabschluss auf individueller und betrieblicher Basis ständig fortgesetzt werden – sie haben recht – es finden viel zu wenig Weiterbildungen statt - die von guter Qualität sind. Ich denke der guten Weiterbildung gehört die Zukunft. Hierzu gehören aber auch eine verlässliche Qualitätskontrolle und eine dementsprechende Zertifizierung - wichtig ist dabei - dass sich das Interesse der Bildungsträger nicht auf einzelne Gruppen beschränkt da - bei längerer Lebensarbeitszeit die Weiterbildung älterer Beschäftigter ebenso wichtig wie die kontinuierliche Schulung jüngerer Mitarbeiter*innen ist. Das „Lebenslange Lernen" hochqualifizierter Menschen ist ebenso bedeutsam wie die Nachschulung gering qualifizierter Arbeitnehmer."

[Interview; Position: 100 - 100; Autor: Interview; 21.11.2015 11:03; Gewicht: 0]

Lernen

1.

"Lernen und damit meine ich nicht nur das Lernen in der schule mit dem bekannten Unterrichtsmethoden sondern auch das Lernen von anderen Menschen von deren Wissen oder deren praktischem Können sehr wichtig - ich wollte immer viel wissen und heute kann ich sagen dass das leben selbst mein bester Lehrmeister war."

[Interview; Position: 13 - 13; Autor: Interview; 21.11.2015 10:37; Gewicht: 0]

2.

"Gott sei Dank fiel mir das Lernen leicht- ich musste nicht büffeln (ähm) wenn ich in der Schule gut zugehört hatte - hatte ich meist - na sagen wir mal dreiviertel verstanden. Ich war immer neugierig auch heute noch. Ich finde es toll neue Dinge zu lernen in Theorie und Praxis."

[Interview; Position: 19 - 19; Autor: Interview; 21.11.2015 10:39; Gewicht: 0]

3.

"Dann müssten sie ja wieder etwas Neues lernen – kann man sagen – dass das Lernen von neuen Dingen sie antreibt?"

[Interview; Position: 86 - 86; Autor: Interview; 21.11.2015 11:01; Gewicht: 0]

4.

"ich glaube man kann gar nicht anders als ein Leben lang zu lernen – man nimmt ständig etwas Neues auf – manchmal ohne es zu merken"

[Interview; Position: 89 - 89; Autor: Interview; 21.11.2015 11:01; Gewicht: 0]

5.

"Ich gebe ihnen vollkommen recht wenn sie sagen - dass das wollen die beste Voraussetzung für das Lernen ist"

[Interview; Position: 98 - 98; Autor: Interview; 21.11.2015 11:16; Gewicht: 0]

6.

"Ich denke schon - dass es im Verlauf von Bildung und Ausbildung immer mehr darauf ankommen wird allgemein einsetzbare Qualifikationen zu erlernen - anstelle von Spezialwissen, welches heute ja ziemlich schnell veraltet.(---) Somit muss das Lernen auch nach einem

Berufsabschluss auf individueller und betrieblicher Basis ständig fortgesetzt werden – sie haben recht – es finden viel zu wenig Weiterbildungen statt - die von guter Qualität sind. Ich denke der guten Weiterbildung gehört die Zukunft. Hierzu gehören aber auch eine verlässliche Qualitätskontrolle und eine dementsprechende Zertifizierung - wichtig ist dabei - dass sich das Interesse der Bildungsträger nicht auf einzelne Gruppen beschränkt da - bei längerer Lebensarbeitszeit die Weiterbildung älterer Beschäftigter ebenso wichtig wie die kontinuierliche Schulung jüngerer Mitarbeiter*innen ist. Das „Lebenslange Lernen" hochqualifizierter Menschen ist ebenso bedeutsam wie die Nachschulung gering qualifizierter Arbeitnehmer."

[Interview; Position: 100 - 100; Autor: Interview; 21.11.2015 11:03; Gewicht: 0]

7.

"Genau – das Lernen hat mich immer bereichert und auch wenn es Zeiten in meinem leben gab- in denen es nicht so einfach war - hat mir das Lernen doch meistens großen Spaß gemacht - und ich kann im Nachhinein sagen - dass es immer einen Sinn hatte."

[Interview; Position: 102 - 102; Autor: Interview; 21.11.2015 11:03; Gewicht: 0]

8.

"Der Hauptfaktor ist und bleibt beim Lernen immer noch das Wollen."

[Interview; Position: 104 - 104; Autor: Interview; 21.11.2015 11:04; Gewicht: 0]

Ausbildung

1.

"1977 waren die Lehrstellen knapp - ich bekam eine Lehrstelle als Bürokauffrau bei einem Elektrogroßhandel - das war überhaupt gar nicht mein Traumberuf."

[Interview; Position: 26 - 26; Autor: Interview; 21.11.2015 10:41; Gewicht: 0]

2.

"sie hatte von der Lehrstelle über eine Arbeitskollegin erfahren und da sie es für gut befunden hatte musste ich mich bewerben "

[Interview; Position: 27 - 27; Autor: Interview; 21.11.2015 10:42; Gewicht: 0]

3.

"Die Ausbildung abzubrechen – dass hätte ich mich aber nicht getraut "

[Interview; Position: 28 - 28; Autor: Interview; 21.11.2015 10:42; Gewicht: 0]

4.

"Mit dem nächsten Ausbildungsplatz wollte ich mir meinen Wunsch viele fremde Länder kennen zu lernen erfüllen - deshalb habe ich Hotelfachfrau gelernt"

[Interview; Position: 30 - 30; Autor: Interview; 21.11.2015 10:42; Gewicht: 0]

5.

"Die Ausbildung machte ich im Europahotel in Kehl"

[Interview; Position: 31 - 31; Autor: Interview; 21.11.2015 10:43; Gewicht: 0]

6.

"Ich wollte schon immer mit Menschen arbeiten oder besser für Menschen - die Unterstützung brauchen - beruflich da sein. Ich habe mich um einen Ausbildungsplatz zur Altenpflegerin im Pflege- und Therapiezentrum in Offenburg beworben und wurde angenommen - ich durfte im Oktober 1994 anfangen. (ähm) Als es dann los ging - war ich total aufgeregt - hatte zugleich aber auch große Bedenken ob ich das auch alles so schaffe?"

[Interview; Position: 49 - 49; Autor: Interview; 21.11.2015 10:52; Gewicht: 0]

7.

"Aber ich wollte diesen Beruf erlernen und packte es einfach an - mir machte die Arbeit sehr viel Spaß - aber auch das Leid - dass in diesem Beruf zu sehen und zu spüren ist - konnte ich gut verarbeiten. Das Lernen in der Altenpflegeschule hat mich so gar nicht geplagt - im Gegenteil - ich fand es toll wieder die Schulbank zu drücken. In meiner Ausbildung durchlief ich

verschiedene Stationen - vom Betreuten Wohnen mit meist geistig und körperlich regen Menschen - über den Bereich mit mehrfach behinderten Menschen - bis hin zum geschlossenen Bereich. (---) Am meisten beeindruckte mich der Wohnbereich für an Demenz erkrankte Menschen - dort war ich sehr gerne und der kontakt zu den Bewohnern fiel mir leicht - irgendwie hatte ich immer das Gefühl – sie verstehen mich und ich sie - die Ausbildung ist wie im Fluge vergangen. Die drei Jahre waren um - und 1997 bestand ich die Abschlussprüfung - ich war jetzt examinierte Altenpflegerin mit staatlicher Anerkennung - ich war stolz wie Bolle? (lachen)"
[Interview; Position: 52 - 52; Autor: Interview; 21.11.2015 10:54; Gewicht: 0]

8.

"Ich denke schon - dass es im Verlauf von Bildung und Ausbildung immer mehr darauf ankommen wird allgemein einsetzbare Qualifikationen zu erlernen - anstelle von Spezialwissen, welches heute ja ziemlich schnell veraltet.(---) Somit muss das Lernen auch nach einem Berufsabschluss auf individueller und betrieblicher Basis ständig fortgesetzt werden – sie haben recht – es finden viel zu wenig Weiterbildungen statt - die von guter Qualität sind. Ich denke der guten Weiterbildung gehört die Zukunft. Hierzu gehören aber auch eine verlässliche Qualitätskontrolle und eine dementsprechende Zertifizierung - wichtig ist dabei - dass sich das Interesse der Bildungsträger nicht auf einzelne Gruppen beschränkt da - bei längerer Lebensarbeitszeit die Weiterbildung älterer Beschäftigter ebenso wichtig wie die kontinuierliche Schulung jüngerer Mitarbeiter*innen ist. Das „Lebenslange Lernen" hochqualifizierter Menschen ist ebenso bedeutsam wie die Nachschulung gering qualifizierter Arbeitnehmer."
[Interview; Position: 100 - 100; Autor: Interview; 21.11.2015 11:03; Gewicht: 0]

Familie

1.

"Ich komme aus einer finanziell eher armen Familie"
[Interview; Position: 21 - 21; Autor: Interview; 21.11.2015 11:08; Gewicht: 0]

2.

"Ab dort war ich auf mich alleine gestellt - ich war nun meinen Eltern keine Rechenschaft mehr schuldig"
[Interview; Position: 32 - 32; Autor: Interview; 21.11.2015 10:48; Gewicht: 0]

3.

"ich verliebte mich und wurde schwanger."
[Interview; Position: 37 - 37; Autor: Interview; 21.11.2015 10:48; Gewicht: 0]

4.

"1982 kam mein Sohn auf die Welt und ich musste leider an Land bleiben."
[Interview; Position: 38 - 38; Autor: Interview; 21.11.2015 10:48; Gewicht: 0]

5.

"Zwischenzeitlich habe ich geheiratet - mit 24 kam dann meine Tochter zur Welt."
[Interview; Position: 40 - 40; Autor: Interview; 21.11.2015 10:49; Gewicht: 0]

6.

"Dafür durfte ich zu Hause bleiben- Kinder und Haushalt versorgen - die Ehe hielt nicht sehr lange."
[Interview; Position: 41 - 41; Autor: Interview; 21.11.2015 10:49; Gewicht: 0]

7.

"Da ich so nicht leben wollte - besann ich mich auf das was ich gelernt hatte. Hotelfach – Gastronomie - ich pachtete eine Gaststätte mit Wohnung und wurde Wirtin - ich machte mich eben mal selbstständig. Das hatte den Vorteil - dass ich arbeiten konnte und niemanden brauchte der meine Kinder versorgte. (ähm) Allerdings hatte ich mir das auch einfacher vorgestellt als es dann wirklich war - ich arbeitete bis spät in der Nacht und morgens war ich dann früh auf - weil meine Kinder in die schule oder den Kindergarten gebracht werden mussten. Das Geschäft lief ganz gut aber letztendlich war ich froh nach zwei Jahren ohne schulden das Gasthaus an meine Nachfolgerin übergeben zu können. Ich hab´s mal ausgerechnet - ich habe damals für einen Stundenlohn von ca. 3,- Mark gearbeitet."

[Interview; Position: 43 - 43; Autor: Interview; 21.11.2015 10:51; Gewicht: 0]

8.

"Ich lernte meinen zweiten Mann kennen und wir machten uns mal wieder selbstständig (ähm) – diesmal im Bereich Werbung. Mein Mann war im Außendienst - er übernahm die Kundenaquise und ich war für Entwürfe neuer Logos zuständig - das konnte ich von zuhause machen – ich glaub das war 1990."

[Interview; Position: 45 - 45; Autor: Interview; 21.11.2015 10:52; Gewicht: 0]

9.

"Alleinerziehend. Meine Kinder waren inzwischen 12 und 10 Jahre alt und die Pubertät war schon in Sicht - ich musste im Schichtdienst arbeiten und der Lehrlingslohn war nicht gerade üppig - den Schulstoff sollte ich ja auch noch lernen - ich hatte nur die kleine Unterstützung durch meine Mutter - dass sie nach den kindern sieht wenn ich Spätdienst hab. Da kam ich erst um 21.00 Uhr nach Hause - ich arbeitete im Schaukeldienst das heißt einen Tag Frühdienst von 6 Uhr bis 14.30 Uhr den nächsten Tag Spätdienst von 14 Uhr bis 20.30 Uhr - in jeder Woche waren zwei Schultage - das ganze immer im Wechsel zwölf tage lang. Dann hatte ich das Wochenende frei - also zwölf Tage Arbeit und Schule und dann Samstag und Sonntag alle zwei Wochen frei - nebenbei arbeite ich noch in einem Restaurant als Geschirrspülerin um noch etwas dazu zu verdienen - ich habe damals etwa 900 Mark Lehrlingslohn dazu kam das Kindergeld und die Halbwaisenrente für die Kinder - das war nicht wirklich viel. (hm) (--) Ich musste ja alles alleine bezahlen – Miete – Strom – Lebensmittel - und was alles sonst noch anfällt. Es war ganz schön knapp und meine Kinder sollten ja auch nicht darunter leiden."

[Interview; Position: 50 - 51; Autor: Interview; 21.11.2015 10:57; Gewicht: 0]

10.

"43 Jahre alt - meine Kinder waren mittlerweile groß und führten ein selbstständiges Leben und ich musste auf keinen mehr Rücksicht nehmen"

[Interview; Position: 69 - 69; Autor: Interview; 21.11.2015 10:56; Gewicht: 0]

Umbruch

1.

"13 Schulen kennengelernt oder kennenlernen müssen."

[Interview; Position: 17 - 17; Autor: Interview; 21.11.2015 11:08; Gewicht: 0]

2.

"Aber es geht im Leben nicht immer nach Wunsch?"

[Interview; Position: 36 - 36; Autor: Interview; 21.11.2015 10:50; Gewicht: 0]

3.

"mit 24 kam dann meine Tochter zur Welt"

[Interview; Position: 40 - 40; Autor: Interview; 21.11.2015 10:51; Gewicht: 0]

4.

"Nach drei Jahren war ich alleine mit meinen Kindern und musste auch den Lebensunterhalt selbst bestreiten - gerichtlich war zwar Unterhalt für mich und die Kinder festgelegt - mein Ex-Mann zahlte aber nicht. Die Firma hatte er dann schnell an seinen Bruder „verkauft" und er arbeitete offiziell nur für einen Mindestlohn (ähm) - eine Zeit lang musste ich deswegen Sozialhilfe in Anspruch nehmen."

[Interview; Position: 42 - 42; Autor: Interview; 21.11.2015 10:51; Gewicht: 0]

5.

"Da ich so nicht leben wollte - besann ich mich auf das was ich gelernt hatte. Hotelfach – Gastronomie - ich pachtete eine Gaststätte mit Wohnung und wurde Wirtin - ich machte mich eben mal selbstständig. Das hatte den Vorteil - dass ich arbeiten konnte und niemanden brauchte der meine Kinder versorgte. (ähm) Allerdings hatte ich mir das auch einfacher vorgestellt als es dann wirklich war - ich arbeitete bis spät in der Nacht und morgens war ich dann früh auf - weil meine Kinder in die schule oder den Kindergarten gebracht werden mussten. Das Geschäft lief ganz gut aber letztendlich war ich froh nach zwei Jahren ohne schulden das Gasthaus an meine Nachfolgerin übergeben zu können. Ich hab's mal ausgerechnet - ich habe damals für einen Stundenlohn von ca. 3,- Mark gearbeitet."
[Interview; Position: 43 - 43; Autor: Interview; 21.11.2015 10:51; Gewicht: 0]

6.
"Vier Jahre später verstarb mein Mann - er hatte Krebs."
[Interview; Position: 46 - 46; Autor: Interview; 21.11.2015 10:52; Gewicht: 0]

7.
"Ich musste also arbeiten um meine Kinder und mich zu unterhalten - in eine Fabrik wollte ich nicht mehr oder nur wenn es nicht anders ging - noch mal selbstständig arbeiten in der Gastronomie war mir zu gefährlich – dieses harte Brot hatte ich ja schon mitbekommen. Meine Kinder mussten abgesichert sein - also kam nur eine Anstellung in Frage - aber irgendeine wollte ich diesmal nicht. (ähm) Es sollte jetzt ein Beruf sein - der mich auch wirklich interessierte."
[Interview; Position: 48 - 48; Autor: Interview; 21.11.2015 10:52; Gewicht: 0]

8.
"1999 wurde ich dann auch Pflegedienstleitung"
[Interview; Position: 58 - 58; Autor: Interview; 21.11.2015 10:54; Gewicht: 0]

9.
"Dann meldete sich leider mein Körper - dem war mein beruflicher Einsatz wohl zu viel geworden – Diagnose - Morbus Crohn und Morbus Bechterew. Ich konnte nicht mehr arbeiten und hatte ständig Schmerzen - weil meine Gelenke immer irgendwo entzündet waren."
[Interview; Position: 60 - 60; Autor: Interview; 21.11.2015 10:55; Gewicht: 0]

10.
"„Der Antrag wird sicher abgelehnt" - da ich keine gute Prognose auf Erfolg hätte - ich war also so krank - dass man dachte es würde sich nicht rentieren mich umschulen zu lassen (ähm)- ich hab den Antrag trotzdem gestellt."
[Interview; Position: 65 - 65; Autor: Interview; 21.11.2015 10:56; Gewicht: 0]

11.
"Die Sonderbegabtenprüfung – wir waren glaube ich acht oder neun Leute - die so eine Prüfung ablegen mussten – also wer kein Abitur hatte oder so - der musste drei Monate nach Beginn des Studiengangs diese Prüfung bestehen - sonst wäre es das Aus gewesen. Wir wurden in verschiedenen Fächern geprüft BWL – VWL – Mathe – Deutsch - Englisch und noch ein paar – genau weiß ich nicht mehr alle. Wir hatten drei Monate Zeit uns darauf vorzubereiten – es war die reinste Zitterprämie - denn die Vorstellung schlechter wie vier abzuschneiden - hieß ich muss auf hören. Aber da ich ihnen ja schon erzählt habe - dass ich mein Diplom erhalten habe - wissen sie schon dass ich diese Prüfung bestanden habe."
[Interview; Position: 76 - 76; Autor: Interview; 21.11.2015 10:59; Gewicht: 0]

12.
"Der Knackpunkt war - dass diese hier in Ludwigsburg war – ich musste also hierher umziehen. Ludwigsburg ist knapp 200km von Kehl entfernt – ich suchte mir also hier in der Umgebung eine Wohnung - zog um und startete im Januar 2008 wieder mal von vorne"
[Interview; Position: 78 - 78; Autor: Interview; 21.11.2015 11:00; Gewicht: 0]

Arbeit

1.

"Die Arbeit im Büro fand ich extrem öde und uninteressant - ich machte zwar alles was mir aufgetragen wurde und man war auch mit mir zufrieden. Ich war aber überhaupt nicht zufrieden - die Arbeit hat mir überhaupt keinen spaß gemacht- Ablage von papieren - nach Buchstaben - nach zahlen - Lieferscheine nach nummern – (--) das war extrem öde."

[Interview; Position: 28 - 28; Autor: Interview; 21.11.2015 10:46; Gewicht: 0]

2.

"Ich arbeite deshalb nebenbei als Barkeeperin in einer Hotelbar und als Straßenmalerin in Straßburg"

[Interview; Position: 34 - 34; Autor: Interview; 21.11.2015 10:44; Gewicht: 0]

3.

"Oft gingen die Veranstaltungen länger und die Gäste hatten ausreichend Sitzfleisch - jedenfalls hatte man nicht gerade pünktlich Feierabend - das war mir zwar egal oder es machte mir nichts aus aber mit Kind konnte ich das nicht vereinbaren. (ähm) Ich hörte auf im Hotel zu arbeiten - zunächst arbeitete ich dann in einer Fabrik am Fließband - dort wurden Videokassetten hergestellt. Akkordarbeit – es war so gar nicht mein ding - ich arbeitete Schicht - früh und spät - mein Sohn wurde in der Arbeitszeit von meiner Mutter betreut - zwar verdiente ich damals wirklich gut aber diese stumpfsinnige Arbeit am Fließband war furchtbar für mich."

[Interview; Position: 39 - 39; Autor: Interview; 21.11.2015 10:48; Gewicht: 0]

4.

"Ich kündigte meine Anstellung in der Fabrik - weil meine Mutter nicht beide Kinder versorgen konnte - während ich auf Arbeit war."

[Interview; Position: 40 - 40; Autor: Interview; 21.11.2015 10:49; Gewicht: 0]

5.

"Ich arbeitete dann für die Firma meines Mannes - ein Transportunternehmen. Es war eigentlich ein „Ein-Mann-Unternehmen" - ein Lastwagen den mein Mann fuhr - Nahverkehr und Schnelltransporte zum Flughafen als Subunternehmer für eine große Spedition. Für die kleine Spedition machte ich die Buchhaltung und kümmerte mich um die Werbung - Lohn habe ich dafür natürlich nicht bekommen das war als Ehefrau nicht üblich. (grinst) (---)"

[Interview; Position: 40 - 40; Autor: Interview; 21.11.2015 10:49; Gewicht: 0]

6.

"Da ich so nicht leben wollte - besann ich mich auf das was ich gelernt hatte. Hotelfach – Gastronomie - ich pachtete eine Gaststätte mit Wohnung und wurde Wirtin - ich machte mich eben mal selbstständig. Das hatte den Vorteil - dass ich arbeiten konnte und niemanden brauchte der meine Kinder versorgte. (ähm) Allerdings hatte ich mir das auch einfacher vorgestellt als es dann wirklich war - ich arbeitete bis spät in der Nacht und morgens war ich dann früh auf - weil meine Kinder in die schule oder den Kindergarten gebracht werden mussten. Das Geschäft lief ganz gut aber letztendlich war ich froh nach zwei Jahren ohne schulden das Gasthaus an meine Nachfolgerin übergeben zu können. Ich hab´s mal ausgerechnet - ich habe damals für einen Stundenlohn von ca. 3,- Mark gearbeitet."

[Interview; Position: 43 - 43; Autor: Interview; 21.11.2015 10:51; Gewicht: 0]

7.

"Nach meiner Zeit als Wirtin habe ich als Putzfrau und Staubsaugervertreterin gearbeitet."

[Interview; Position: 44 - 44; Autor: Interview; 21.11.2015 10:51; Gewicht: 0]

8.

"Ich lernte meinen zweiten Mann kennen und wir machten uns mal wieder selbstständig (ähm) – diesmal im Bereich Werbung. Mein Mann war im Außendienst - er übernahm die Kundenaquise und ich war für Entwürfe neuer Logos zuständig - das konnte ich von zuhause machen – ich glaub das war 1990."

[Interview; Position: 45 - 45; Autor: Interview; 21.11.2015 10:52; Gewicht: 0]

9.

"In meinem Wohnort gab es ein neues Altenheim - dort wollte ich gerne arbeiten - ich bewarb mich auch und hatte Glück und wurde zum Vorstellungsgespräch eingeladen - das Gespräch mit dem damaligen Heimleiter lief so gut - dass ich ganz kühn sagte - dass ich mich als Stationsleitung bewerbe- ich weiß noch ganz genau, dass ich innerlich total gezittert habe wie dreist das doch eigentlich war - ich hatte gerade mal das Examen und überhaupt keine Praxiserfahrung außer meiner Ausbildungszeit - und schon gar nicht in leitender Funktion und dann sage ich da einfach – „ich will Stationsleitung" werden. (---) Ich hab wohl einen sehr guten Eindruck gemacht - der Heimleiter hat mich als Stationsleitung eingestellt - ich übernahm die Führung des Wohnbereiches für an Demenz erkrankte Menschen. (ähm) Da ich bisher in meinem leben gelernt hatte mich durch zu schlagen - hab ich auch hier die Ärmel hochgekrempelt und hab meine neue Aufgabe einfach angepackt - das war im Oktober 1997. Ich konnte mich ziemlich schnell einarbeiten - und mir gelang es zu meinem Team ein gutes Verhältnis aufzubauen (ähm)- ich lernte schnell worauf es ankam - es gab viele Mitarbeiterinnen mit Erfahrung und denen schaute ich auf die Finger – „learning by doing" - das ich in manchen Dingen oder Situationen unsicher hat man mir glaube ich nicht so angemerkt.(lachen)(-) Ich konnte mein Team gut motivieren und stand immer hinter ihnen - der Stationsalltag lief gut und unsere Bewohner waren gut versorgt - rückblickend kann ich heute sagen - dass dies mein bisher schönster Arbeitsplatz war - der Kontakt zu „meinen" Heimbewohnern brachte mir wirklich viel Freude - ich hatte viele der Senioren richtig gerne - außerdem arbeitete ich als Stationsleitung ja auch 100% in der Pflege mit - das war körperlich sehr anstrengend - oft habe ich Doppelschichten gemacht - weil das personal knapp war - ich fühlte mich für meine Station voll verantwortlich und ging in meinem Beruf - das kann ich heute so sagen voll auf - das Altersheim war von meiner Wohnung nur eine Straße entfernt - so hatte ich es selbst - wenn ich daheim aus dem Fenster schaute - immer im Blick."

[Interview; Position: 53 - 57; Autor: Interview; 21.11.2015 10:54; Gewicht: 0]

10.

"1999 wurde ich dann auch Pflegedienstleitung"

[Interview; Position: 58 - 58; Autor: Interview; 21.11.2015 10:54; Gewicht: 0]

11.

"nun war ich für den ganzen stationären Bereich mit 100 Betten und die Nachtwachen zuständig - das war kein Schreibtischjob - ich habe immer in der pflege der Bewohner mitgearbeitet und das wollte ich auch - ich wollte den direkten kontakt zu den Menschen nicht verlieren - jetzt konnte ich mir aber ca. 30% meiner Arbeitszeit für Organisation und administrative Tätigkeiten einplanen."

[Interview; Position: 58 - 58; Autor: Interview; 21.11.2015 10:55; Gewicht: 0]

12.

"Leider gab es rund um meinen Wohnort keine geeignete Stelle.(.) Das war mir schon in der Studienzeit klar. Ich hatte da schon nach Stellen geschaut. Ich habe mich dann mit einer Initiativbewerbung bei einem Bildungsträger in Karlsruhe beworben – eher per Zufall habe ich das im Internet gefunden. Dieser Bildungsträger bietet Schulungen an für Menschen die später mal in der pflege oder im medizinischen Bereich einen Ausbildung machen wollen – also quasi eine Vorschule für die Berufsschule. Da habe ich mir überlegt - dass dies doch eigentlich ganz gut zu mir passen könnte – so könnte ich mein wissen aus der altenpflege wieder mit verwenden.
Ich bekam die Stelle. Der Knackpunkt war - dass diese hier in Ludwigsburg war – ich musste also hierher umziehen. Ludwigsburg ist knapp 200km von Kehl entfernt – ich suchte mir also hier in der Umgebung eine Wohnung - zog um und startete im Januar 2008 wieder mal von vorne (lachen)"

[Interview; Position: 78 - 78; Autor: Interview; 21.11.2015 10:59; Gewicht: 0]

13.

"Ich habe ehr zufällig eine Projektausschreibung gelesen - die mich sehr interessiert hat. KIM –
Kinder im Mittelpunkt – es geht um Kinder von psychisch kranken Eltern – hier bin ich beratend
für die Kinder und die Eltern da – seit 2013.(.) Außerdem mache ich seit letztem Jahr im DRK-
Stadtteilbüro die Sozialberatung für den Stadtteil Grünbühl- Sonnenberg."

[Interview; Position: 80 - 81; Autor: Interview; 21.11.2015 11:00; Gewicht: 0]

Literatur

BMBF (2015). Der Deutsche Qualifikationsrahmen für Lebenslanges Lernen. Bundesministerium für Bildung und Forschung - BMBF. Online im Internet: https://www.bmbf.de/de/der-deutsche-qualifikationsrahmen-fuer-lebenslanges-lernen-1238.html (Zugriff am: 21.11.2015).

Friebertshäuser, Barbara; Langer, Antje; Prengel, Annedore (Hrsg.). (1997). Handbuch qualitative Forschungsmethoden in der Erziehungswissenschaft. Weinheim: Juventa Verlag.

Schütze, Fritz (1983). Biographieforschung und narratives Interview. In: (= Neue Praxis), 13 (1983). Online im Internet: http://www.verlag-neue-praxis.de/ (Zugriff am: 17.11.2015).